SIN MIEDO AL MIEDO AL HABLAR EN PÚBLICO

"Consejos claves para superarlo"

SIN MIEDO AL MIEDO AL HABLAR EN PÚBLICO
"Consejos claves para superarlo"

SIN MIEDO AL MIEDO AL HABLAR EN PÚBLICO
"Consejos claves para superarlo"

"Dios, que tu tiempo sea mi reloj y tu voluntad mi camino"
@oraciondeldia

"Dios, que tu tiempo sea mi reloj y tu voluntad mi camino"
@oraciondeldia

SIN MIEDO AL MIEDO AL HABLAR EN PÚBLICO
"Consejos claves para superarlo"

SIN MIEDO AL MIEDO AL HABLAR EN PÚBLICO
"Consejos claves para superarlo"

TABLA DE CONTENIDO

¡¡¡De mi para ti!!!

Comenzamos a identificar lo que es miedo desde que estamos pequeños, porque son precisamente nuestros padres, familiares y amigos, quienes nos inculcan ese supuesto temor hacia algo o alguien, sin darse cuenta que lo que están logrando es paralizarnos en nuestro proceso de crecimiento durante el camino que debemos recorrer en el transcurso de nuestras vidas.

Nos dicen, "si no te duermes viene el cuco y te lleva", "si no te portas bien se lo voy a decir a tu papá/mamá", etc. Estos son solo dos ejemplos, hay otros que no los escribo aquí porque la realidad es que me producen vergüenza ajena el solo mencionarlos.

La capacidad del ser humano es mucho más grande a la hora de querer producir el miedo, que al no hacerlo, ya que lamentablemente, es más fácil hacerlo, así en vez de sentarse, sacar de su tiempo y explicar el porqué de las cosas, olvidan algo muy importante, y es que, el cerebro controla los movimientos voluntarios, el habla, la inteligencia, la memoria, las emociones y procesa la información que recibe a través de los sentidos, el cerebelo procesa información proveniente de otras áreas del cerebro, de la médula espinal y de los receptores sensoriales, con el fin de indicar el tiempo exacto para realizar movimientos coordinados y suaves del sistema muscular esquelético.

Entonces desde pequeños ya tenemos miedo, miedo al qué dirán, miedo a sacar una mala calificación en el colegio, miedo a presentar algún trabajo escolar, miedo a dar a luz, miedo a la familia, miedo a la pareja, miedo a progresar y cumplir nuestras metas, porque tenemos miedo a fracasar, miedo a que nos miren y nos digan "te lo dije que no podías y aun así lo hiciste, ahora no te quejes", cuando la realidad es que no nos estamos quejando, sólo estamos expresando lo que sentimos ante algo que pensamos que funcionaria y no fue así.

Pero, aun siendo adultos nuestros seres más cercanos siguen diciéndonos, no lo hagas, y continúa el miedo a no querer hacer y a no querer cumplir con tus sueños, pero en esta ocasión por miedo al qué dirán, este es el peor miedo que desde mi punto de vida existe, porque este desvanece tus ilusiones, tus sueños, este miedo te paraliza y hasta en un inútil te convierte, así que ¡Sin miedo al miedo!

Vive, ríe, haz lo correcto, escala la montaña más alta sin miedo, la vida hay que vivirla día a día y cada día debe ser mejor que el anterior, lucha por tus metas, si perseveras verás que triunfarás, no importa cuántas veces te caigas, lo importante es las veces que te levantaste, afuera comentarios negativos que no aportan nada positivo en tu vida y solo destruyen tus ilusiones haciéndote dudar de tu capacidad para triunfar tanto en tu vida profesional çomo en tu vida personal.

Sobre todo, cree en Dios recuerda que con él todo y sin él nada, él te pondrá donde quiere que estés y te sacará de donde él no quiere que estés, nunca pierdas la fe, los triunfos que fáciles llegan, así mismo fáciles se van, la vida de por sí es dura vivirla, pero es un regalo que día a día nos da Dios, por tanto, debemos ser agradecidos con todo, cuando te sientas que ya no puedes más, mira al cielo y pídele a él, porque él todo lo puede.

Yo me he caído y me he levantado más de mil veces, he perdido batallas, pero he ganado guerras, si yo pude tú también puedes, solo tienes que confiar en ti, creer en ti y no permitir que nadie dañe o lacere tu autoestima.

¡Tú puedes, yo creo en ti!

Y si hoy no te han dicho "te quiero", yo te lo digo aquí, ¡YO TE QUIERO! y quiero verte realizado y feliz.

Valerie E. Fontánez

Mi experiencia

Tuve la oportunidad de participar en un certamen de belleza, y aquí te comparto algunas de las cosas que aprendí, y el miedo que sentía cada vez que tenía que hablar en público, aunque sabía que tenía que hacerlo, y aun teniendo los conocimientos, porque ya me había graduado para ese entonces como modelo profesional, y trabajaba para una tienda que solo vendía ropa exclusiva en adición de poseer varias certificaciones en pantomima, entre otras, siempre sentía miedo, aunque ya era una profesional y conocía a la perfección el arte de hablar en público, los nervios me traicionaron, y créeme que todo se te olvida, y aunque lo hayas repasado una y mil veces, en ese preciso momento hablas y todo lo dices es en distinto orden.

Tuve que hablar en plazas públicas en donde recibí varios reconocimientos, y créeme cuando te digo que en más de una ocasión no sabía si iba a hacer capaz de hacerlo, porque los nervios me traicionaban una y otra vez, pero la seguridad que tengo en mi misma, atada a una autoestima alta, me ayudaron a no tener miedo y a entender que somos seres humanos imperfectos, que como todos nos equivocamos, pero está en ti como estuvo en mí, caerme, sacudirme y levantarme más fuerte que nunca.

Gracias a todas las veces que sentí miedo, gracias a esas tantas veces que llore y me caí, gracias a esas veces que sentí que se burlaban de mí, fue que aprendí a tener valor, aprendí a que la gente siempre te criticara lo hagas bien o lo hagas mal, siempre habrá alguien que no compartirá tu forma de pensar, por eso aprendí y entendí que la opinión de los demás no debe ser en tu camino un impedimento para progresar y alcanzar cada una de tus metas.

Y miras la cara de la gente que ahí se encuentra, y si se ríen, te pones más nerviosa, por qué piensas que se ríen de ti, ¡y no es así!

¡Si quieres hacer algo, hazlo! Siempre y cuando estés segura de que es lo correcto, porque si no lo haces, vivirás con la duda, de saber si hubiera funcionado o no, y si decides hacerlo y te va bien entonces celebra, pero si te va mal, no te desamines, evalúa en que fallaste, porque te hará más fuerte y vuelve a intentar, no importan las veces que lo intentes, de cada una de ellas siempre aprenderás algo nuevo que te ayudará en tus conocimientos y crecimiento personal y profesional.

Luego de haber tenido que hablar en público en muchas actividades, logre entender que no tan solo yo necesitaba más ayuda, somos muchos los seres humanos de distintas profesiones que nos da miedo hablar en público, por miedo al qué dirán, o por miedo a decir o hacer algo mal, porque le tenemos miedo a la crítica, porque le tenemos miedo a ser criticados, porque no podemos entender en ese momento que no se le puede tener miedo al miedo.

Es por esto, que luego de tantos años me he motivado a escribir este libro, donde a través de él lograrás aprender algunos truquitos de cómo canalizar en el orden correcto cada una de tus palabras, sin tener miedo. Aprendí que el miedo es signo de inseguridad, por tanto, el miedo no existe, solo vive en tu mente.

También tuve que aprender y entender por mí misma, que no se le puede tener miedo al miedo, trabajé en programas de comedia y comencé a hacer varios programas radiales, muchos de ellos en vivo como lo eran: PUNTO AL ASUNTO, UN RATITO CON VALERIE, BASTA, YA SE ACABÓ EL SILENCIO.

Mientras que a su vez trabajaba en televisión en el programa "CLUB HOUSE MUSIC", en el programa BASTA YA SE ACABO EL SILENCIO "tv".

Pero también trabajaba en la realización de mi propia revista, la cual llevaba el mismo nombre de uno de mis programas radiales PUNTO AL ASUNTO "la revista". En donde fui comunicadora de muchos problemas sociales, trabajaba las entrevistas a los artistas y ayudaba a los más necesitados a través de mis auspiciadores que nunca me fallaron, ya que, al igual que yo, estaban comprometidos en ayudar a nuestra sociedad.

Mi compromiso siempre fue y ha sido trabajar problemas sociales, aunque en ocasiones siempre había algo jocoso para mi público, de este modo, logre mantener un público activo que siempre estaba conmigo, logrando así capturar su interés.

Te cuento esto, porque quiero que entiendas que, si yo logre canalizar mis nervios consiguiendo así no tener miedo, tú también puedes.

"ES MEJOR SENTIRTE SEGURA DE TI MISMA, QUE SENTIRTE ARREPENTIDA POR NO HABER HECHO LO QUE QUERIAS HACER"

Valerie E. Fontánez

CASI NO TENGO TIEMPO PARA MI MARIDO"
VALERIE, QUIEN ES LA NOVIA DE "CHOLÓN" EN "EL GRAN BEJUCO", ES ADEMÁS, ANIMADORA DE UN PROGRAMA RADIAL, MAESTRA VOCACIONAL Y MADRE DE TRES HIJAS.
Por LISSY DE LA ROSA

EL ARTE DE HABLAR EN PÚBLICO

Cuando vas a hablar en público, debes tener muy claro el real objetivo de tu presentación.

- ✓ Necesitas transmitir una información.
- ✓ Necesitas manifestar tu opinión clara sobre el tema del cual estás hablando.

Hablar en público no se limita a tomar una palabra y/o a decir un discurso, hablar en público es una gran oportunidad que debes aprovechar, para de este modo, poder transmitir tus ideas, ya que así lograrás establecer una comunicación efectiva.

Recuerda que tendrás un grupo de personas en frente, a quienes debes convencer de que tu punto de vista y/o ideas son las correctas.

Por esto tienes que preparar tus textos a conciencia, lo que implica no limitarte a elaborar un texto vacío, si no que tienes que ensayar la forma en la cual te vas a expresar, y aquí entra una gran sugerencia que me ayudó muchísimo.

La Pantomima, te ayudará a visualizar tu modo de expresión, párate frente al espejo, practica tu discurso mirándote en él, y podrás ver tus expresiones al hablar, porque tienes que lograr que tu público se interese en lo que vas a decir, por eso necesitas dominar las técnicas de comunicación.

Puedes compartir lo que vas a decir con otra persona y te quedará perfecto, pero es muy distinto cuando estás frente al grupo de personas, por eso tienes que prepararte, entender el contenido del tema del cual vas a hablar a la perfección.

Aun conociendo a profundidad el tema del cual vas a hablar, no es suficiente, tienes que saber exponerlo de una manera atractiva, para así poder capturar la atención del grupo de personas que te están escuchando, y que no se aburran. Recuerda que tienen que verte como interesante, y convincente, etc.

Recuerda que antes de hablar en público, tienes que dominar y estudiar muy bien el tema, ya que debes tener un conocimiento más alto que el conocimiento del público, tienes que aprender a transmitir comunicación que sea interesante. Debes que evitar hablar de un tema que no conoces bien.

Puedes escribir el texto o discurso, ya que probablemente no es lo más difícil, lo difícil es estar frente al público y hablar con fluidez sobre el tema que escribiste. Recuerda que el orden en que vas a exponer las ideas es muy importante.

Recuerda que un solo discurso puede llevarte al éxito o al fracaso, todo dependerá de la exposición y de la seguridad con la que haces el planteamiento de datos que expongas. Recuerda que, aunque es normal ponerse nerviosa, debes tener presente que el público no es tu enemigo, al contrario, el público se presenta en la actividad porque le interesa el tema o los temas que allí se estarán tratando.

Recuerda que cuando se habla en público, hay que estar muy pendiente no tan solo del o que estás diciendo, sino también de cómo lo estás diciendo, es un grupo que van de la mano, el vocabulario que estas utilizando, los gestos, los movimientos, y hasta la forma de vestir y de caminar, todo esto estará siendo evaluado por el público.

"SABES QUE LA MAYOR SEGURIDAD SE ENCUENTRA PRECISAMENTE EN EL MIEDO"

Valerie E. Fontánez

Al rescate del bolero

ANGEL

Antes que finalice el mes de mayo tenemos que mencionar que otras de las personalidades que viene haciendo una buena labor en la radio lo es la joven Valerie Fontánez. Una chica emprendedora que, a través, de la Superkadena, usted la puede escuchar todos los jueves a las 7pm en el programa «Un ratito con Valerie». Un programa de entrevistas y variedades que -con tan sólo 7 meses en el aire- ha contado con el respaldo del público. La propia Fontánez nos dijo que «es tipo revista. Lo mismo podemos llevar a un médico hoy y la próxima semana, un artista. También hablamos de temas controversiales».

Valerie Fontánez

Una vez al mes se lleva a cabo la sección «Ayuda al ciudadano», segmento que se asemeja al «Break de la esperanza» (canal 2). «La experiencia es bien gratificante porque estamos dando, sin pedir nada a cambio, desinteresadamente», añade Valerie, quien posee un BA en Contabilidad y una maestría en Administración de Empresas.

La, también, maestra de manicura es una persona positiva y segura de sí misma. «Nada es difícil para mí. Cuando yo quiero hacer algo, lo hago. Si resulta, bien y, sino, también. Por eso tengo tantas metas y sé que las voy a lograr», comenta la «novia» de «Cholón» del programa «El gran Bellaco».

La conductora y productora radial señala que «Un ratito con Valerie» se transmite, además, por Radio Luz, Siempre Alegres los sábados de 4 a 5pm. «Es el mismo formato que en WSKN, pero con distintos temas e invitados», asegura Valerie, casada y madre de tres niñas.

En otros temas... ¡Por fin! Carmen Nydia Velázquez -la «Susa» del «Kiosko Budweiser»- tiene su producción discográfica en la calle. Un trabajo bien elaborado en el que se destacan los magníficos arreglos -en cada uno de los temas- de los maestros Martín Nieves, Iván Nazario, Gilberto Vélez, Tito Valentín, Juan Montalvo y Carlos Torres.

El disco «Tiempo de cantar» es un homenaje al bolero, al verdadero sentimiento, a esa sensibilidad que tenemos dormida por el uso y abuso de otros géneros e influencias musicales. Como bien dice ella «es la realización de un sueño: grabar un puñado de canciones que me acunaron y nutrieron mis sentimientos. Que viven en mí como también en sus corazones...»

La voz de Carmen suena diáfana y melodiosa. En ella hay potencia expresiva y progresión armónica. Su registro se pasea nítidamente a través de las 12 composiciones que componen el acetato. Causa embeleso escucharla en el número que escribiera la fenecida Mirta Silva, «Qué sabes tú.

Canciones como «Vanidad», «A mi manera» -a dúo con Ismael Miranda- y «Motivos», entre otras, presentan a una Carmen Nydia decidida a recuperar el terreno perdido. A reconquistar lo que ganó por méritos propios mientras fue parte del conjunto «Moliendo Vidrio». Y ahora le llegó el momento. Le llegó su «Tiempo de cantar» y de rescatar el bolero.

El disco se enriquece con la destacada participación de Eddie Gómez, uno de los más grandes bajistas y exponente del jazz en el mundo entero. ¡Felicidades, Carmen Nydia!

Hablando de música... ¿Qué le pasó a Olga Tañón en la presentación de su disco, «Llévame contigo»? El sonido le falló en varias ocasiones y los coristas apenas se escuchaban y su voz no lució a la altura de una estrella de su calibre. Por lo menos, eso fue lo que pudimos escuchar en la transmisión que hiciera el canal 4. A lo mejor fueron fallas con la recepción de la señal. Y, quizás, los que la presenciaron «en vivo» disfrutaron de un magno evento. De to-

Por Griselle Vázquez Sevilla
Fotos Maritza Trinidad

Al campo de la promoción, el mercadeo y las relaciones públicas ha entrado Valerie Fontánez, como empresaria. Pero un detalle interesante de esta joven, es que Valerie, antes de dedicarse a trabajar con la música, fue estudiante de contabilidad en sus años universitarios y luego, reina de belleza, ya que obtuvo el título de Miss Mundo Puerto Rico en 1990.

Sin embargo, con los años de trabajo como secretaria en la compañía Big Productions, adquirió una buena preparación y experiencia. Así que, esta inquieta profesional, no se quedó con una corona solamente, sino que trabajando "para Fernando Colón, que en el aquel momento trabajaba los libros de Los Sabrosos, Gozadera y tenía el proyecto de La Makina, me incliné hacia el trabajo con los grupos musicales. Así que empecé a relacionarme con esto y me gustó. Luego de ahí, llamé a Richie Viera, un gran amigo mío desde hace unos años, ya que él ha estado relacionado con el mundo de la música y me ayudó mucho. Él me enseñó mucho sobre este campo, y finalmente, me decidí por incursionar en esto, pero primero inicié con la radio como medio de comunicación para mi trabajo", sostuvo la hoy dueña de su propia agencia nombrada MVN Music Agency, ubicada en la calle Cerra #610, suite #1 Parada 15 en Santurce.

Su motivo para hacer su propio camino convirtiéndose en una promotora independiente se basó en abrirse "más campo, ya que puedo obtener trabajo con distintos artistas sin importar las casas disqueras. Aparte de que consigo otros contratos- que por trabajar, directamente, bajo una compañía o sello disquero- no me iba a ser posible, porque tendría que respetar una exclusividad como empleada", aclaró Valerie.

Actualmente, Valerie tiene varios proyectos a su cargo, como lo son las relaciones públicas al grupo Karis y Trio Los Condes. Además, tiene a su cargo el manejo del grupo El Bonche, coordina las entrevistas de radio para Las Nenas del Swing y cuenta con un proyecto de rock del grupo Luis Caputi y los Intrépidos de la compañía Tropa, que reingresa nuevamente al mundo del disco.

Por otro lado, La oficina de Valerie no se limita a la isla, solamente, sino que cuenta con contratos para proyectos en lugares del exterior como Miami, Nueva York, Florida y Santo Domingo: "Estoy trabajando con una compañía disquera de Estados Unidos, que se llama PG Music, para trabajarles unos productos, aquí en Puerto Rico, a través de mi agencia", concluyó Valerie, quien como meta aspira al tener su propia disquera.

DE REINA DE BELLEZA A EMPRESARIA

Valerie Fontánez, Miss Mundo Puerto Rico 1990, creó su propia agencia que lleva por nombre MVN Music Agency.

CUANDO EL MEDIO TE PARALIZA

Recuerda que el público no es tu enemigo, más bien son personas que entienden que con tus palabras estarás aportando algo positivo para la sociedad. Aunque muchas veces te paraliza el miedo, es algo muy normal, y no debes pensar jamás que eres débil, ni mucho menos sentirte como una persona insegura. Tienes que analizar tu miedo y buscar descubrir las causas que te lo causan, sin olvidar que el miedo solo vive en tu imaginación.

Algunos miedos son:

- ✓ Que se rían de ti.
- ✓ Miedo hacer el ridículo.
- ✓ Miedo a que te griten.
- ✓ Miedo a perder tu prestigio.
- ✓ Otro miedo es el que se te olvide el texto.
- ✓ Miedo a no saber contestar alguna pregunta.
- ✓ Miedo a perder todo lo que con esfuerzo has conseguido, para poder estar ahí parado dando un discurso.

Estos son pensamientos negativos que llegan a tu mente, tienes que rechazarlos, porque muy dentro de ti sabes que no son ciertos, porque tu brillas por luz propia, porque confías en ti, y porque tu autoestima es muy alta. Para estar prevenido, debes llevar siempre el texto escrito, el cual puedas leer en el momento que sea necesario, puedes verlo a través de tarjetas, o quizás a través de algún proyector que puedas tener frente a ti.

También el solo creer que el público se está dando cuenta que estas nerviosa, comenzarás a temblar, a sudar, aunque es muy raro que esto ocurra, y en caso que te suceda, recuerda que son reacciones físicas naturales, difíciles de percibir por terceras personas.

Por esto es muy importante ensayar, mientras más ensayes mejor saldrá y más seguridad en ti misma conseguirás, también puedes grabar tus ensayos, luego los escuchas y haces anotaciones para saber dónde debes corregir, a través de la grabación también puedes evaluar tu tono de voz, ya que el mismo siempre debe mantenerse igual desde el principio hasta el final.

Te darás cuenta que cuando domines tu presentación, comenzaras a reducir drásticamente la posibilidad de cometer algún error, y esto te generará más confianza y disminuirá tu nivel de ansiedad. Si desde el principio te encuentras segura de ti misma, es casi seguro que te así hasta el final.

Al subir a la tarima, debes hacerlo con tranquilidad, sin prisa, una de las cosas que aprendí y que me ayudó mucho fue el no mirar a la cara a la gente, siempre miras al fondo de donde se encuentran, busca uno o varios puntos fijos, y ellos pensarán que los miras a ellos, esto te ayudará a no ponerte tan nerviosa.

Es muy importante no ingerir ningún tipo de alcohol antes de la presentación. Aunque debo decirte que a veces un poco de nervios te brindará energía y te permitirá hablar con mayor seguridad. No temas, todos hemos tenido nervios y nos ha dado miedo sin importar la profesión que se tenga.

"EL MIEDO ES EL PADRE DE LA VALENTIA Y LA MADRE DE LA SEGURIDAD"
Henry H. Tweedy

Valerie Fontanez
"Un ratito con Valerie"
"Conversando y Aprendiendo"
"Punto al Asunto"

PREPAREMOS NUESTRO DISCURSO

Antes de preparar un discurso debemos tener en cuenta lo siguiente:

El público que ha de asistir, edad, sexo, nivel de conocimiento, recuerda que debes utilizar un lenguaje apropiado, siempre muy pendiente de cuáles son los términos que utilizarás. Me refiero a que, si, por ejemplo, el discurso que vas a hacer trata sobre belleza, no hables de economía, cuando el público es poco, es mucho más fácil interactuar con ellos, cuando es un público de mayor capacidad es mucho más difícil.

Si tienes conocimiento de alguna persona que se encuentra en el público o que es parte de la producción de ese evento, y sabes que ha hecho un excelente trabajo y más aún, si lleva muchos dedicado a la empresa, sería un acto muy bonito hacerle algún reconocimiento público, esto te hará ver muy profesional delante de tu público, y a su vez te sentirás mucho más cómoda al ver la aceptación positiva del público y/o compañeros.

Un discurso debe tener como objetivo principal informar, motivar, advertir, entretener y hasta en ocasiones amonestar, etc. Por tanto, el escrito debe tener la autoridad de adaptarse al estilo del mismo: bien sea formal, informal, serio, entretenido, puedes hacerlo de cerca o de lejos.

El tema a tratar debe contener un lenguaje preciso, y motivar al público para ello debes ser apasionada y entusiasta. El discurso puede llevarse a cabo en un salón de actividades, auditorio, en algún teatro, o hasta en alguna empresa.

¿Cómo decidir el tiempo que ha de durar el discurso?

Debes tomar en cuenta el tiempo que necesitas para improvisar y profundizar en las materias, estos tiempos pueden variar entre 25 minutos hasta 1 hora, recuerda que la estructura del discurso debe llevar: Introducción, Desarrollo y Conclusión.

Debes tener todos estos puntos en cuenta a la hora de seleccionar el tema del discurso que has de presentar.

Mi hijo de 8 años en una de sus entrevistas radiales.
¡SIN MIEDO AL MIEDO!

EL ESTILO CORRECTO DE NUESTRO DISCURSO

Cuando hablamos en público, el estilo de la conversación va a depender de varios factores:

Función del motivo del discurso, el objetivo que pretendes conseguir, y el público que ha de asistir.

El tema lo puedes presentar de diferentes formas, y no se puede pretender hablar en público siempre de la misma manera.

No actúes, porque la actuación podría resultar en un rotundo fracaso, solo actúa con independencia y seguridad, aunque no seas una experta en la materia.

Características:

- ✔ Cercano o distante.
- ✔ Formal o informal.
- ✔ Serio o entusiasta
- ✔ Monologo o participativo.

Un discurso es un acto oficial. Si no tienes muy claro cuál ha de ser el enfoque apropiado, te sugiero que dialogues con alguna persona experta en el tema, para que así puedas conocer su opinión.

No olvides que tu forma de vestir es muy importante. Con una buena orientación y conocimiento del tema, lograrás obtener un mayor impacto del público.

Al final de tu discurso siempre es positivo dar un toque de humor sabio, con seriedad.

RADIO

Un ratito con Valer

Valerie Fontanez en la actualidad se desempeña en la promoción de diferentes artistas, tanto en radio y televisión como espectáculos en salas y al aire libre. Como promotora, produce y dirige su propio programa de radio "Un Ratito con Valerie en De Todo un Poco" el cual se transmite todos los jueves a las 7:30 p.m. por La Super Cadena, Am-630.

Fontánez, también se ha desempeñado exitosamente como Gerente General de Mercadeo y Ventas en Fonovisa de P.R., Inc., Plátano Records, Inc. y Big Production, Inc.

Por sus logros y triunfos, producto de su dedicación y esmero en prestar un servicio de excelencia, merece ser reconocida en nuestros medios como premio a su superación y como estímulo para otros. A tales fines so-

Valerie Fontanez

licitamos una entrevista de su periódico a esta joven y que sea publicad sus ediciones.

EL PÚBLICO

Cuando hablas en público, lo primero que debes hacer es captar el interés y la atención del mismo.

Si hablas en público, pero no demuestras interés en el tema que estas tratando, entonces estás perdiendo el tiempo.

La gente asiste a la actividad por que desean aprender algo, porque les interesa, porque quiere pasar un rato agradable, pero lo más importante es que no quieren defraudarte.

No debes utilizar términos o expresiones que el público no conozca, ni debes entrar en niveles de detalles que alguna parte del público no le ha de interesar, o que sencillamente no sean capaces de entender.

Es muy importante saber antes del discurso que cantidad de personas han de asistir, ya que este conocimiento te ayudará a prepararte mejor.

Si la cantidad de público es grande, debes hablar en voz alta, utilizando un micrófono.

En el discurso puedes hacer referencia a diferentes puntos de vista siempre y cuando los trates con respeto.

También es importante que te formules a ti misma varias posibles preguntas que el público te pueda hacer, de este modo estarás mucho más preparada.

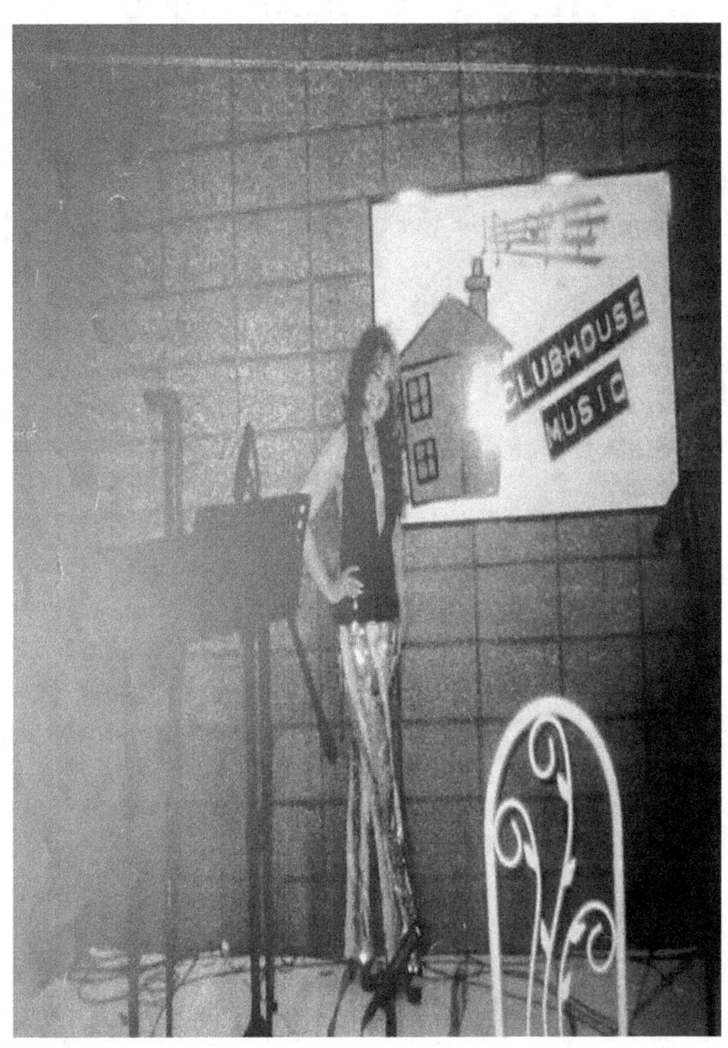
CLUBHOUSE
MUSIC

SITIO O LUGAR DEL DISCURSO

El lugar del discurso determinara el tipo de discurso que has de realizar.

El lugar identifica la identidad del acto, dándole así mayor formalidad, no es lo mismo hablar en tu casa con tu familia, que hablar frente a muchas personas, donde en su mayoría no las conoces.

Por esto es muy importante conocer el contenido a fondo sobre el discurso que se ha de realizar, nuevamente te recuerdo que es importante ensayar, y si puedes, también ensayar el día antes de la actividad, si es posible y puedes ensayar en el mismo sitio donde será el discurso varios días antes, lograrás sentirte mucho más segura de ti misma.

Es inaceptable no saber con anterioridad del evento, el sitio y la hora, ya que debes estar preparada y familiarizada con el mismo, a su vez, debes saber si el equipo que necesitarás estará completo, de este modo estás evitando cualquier tipo de imprevistos a última hora.

Valerie Fontáñez Miss Mundo Puerto Rico (1990)

DURACION DEL DISCURSO

Recuerda que no es lo mismo preparar y prepararte para un discurso de 25 minutos, que para uno de 1 hora o más, por esto es muy importante tomar el tiempo cuando ensayas el discurso, para que no te pases del tiempo que ya ha sido asignado por los productores del evento, es mejor terminar antes de tiempo, que no poder terminar el discurso por pasarte del tiempo.

Debes preparar material adicional como hojas sueltas con información de tu discurso, con fotos y hasta anécdotas para repartir al público.

Durante el discurso debes tener un reloj visible, para que puedas estar al pendiente del tiempo que te queda disponible, si es posible, también puedes tener un apuntador en el oído, para que la producción te esté avisando tiempo.

Cuando el discurso es uno largo, no deberías confiar únicamente en tu memoria, ya que corres el riesgo de olvidar algún punto fundamental, o peor aún, corres el riesgo de quedarte en blanco, por esto es importante llevar contigo cartelones, tarjetas con texto escrito, las cuales te proveerán apoyo, sirviéndote así de gran ayuda a su vez de proveerte confianza.

Solo podrás extenderte si es algo interesante e importante en cuanto a lo que has de decir, lo que no puedes hacer bajo ningún concepto es rellenar o improvisar.

Entertainment Group Inc.
Music
Sra. Valerie Fontanez
Directora Ejecutiva
Puerto Rico, Estados Unidos,
El Caribe

HABLEMOS SOBRE EL DISCURSO

Cuando trabajamos en el escrito de un discurso, debemos tener muy en claro cuál es el objetivo y hacia quien estará este dirigido, buscando siempre informar, motivar, divertir y advertir.

Por lo general, los productores del evento son los que eligen el tipo de exposición en cuanto al tema a tratar, aunque pudiera darse el caso que tomen en consideración tu opinión, aunque no es obligatorio.

Debes determinar la clave ideal que deseas transmitir y, sobre todo, como expresar tu idea. Luego de haber seleccionado la clave ideal, deberás buscar argumentos que sustenten tu clave ideal.

Ahora podemos dar tiempo a la imaginación, muchas ideas llegarán a tu mente, entonces es momento de coger papel y lápiz y comenzar a escribir todas y cada una de ellas, deben ser palabras (ideas) claves para que el público las pueda retener, recuerda que para el público será muy difícil la retención de las mismas sin son muchas, y les será difícil asimilar tantos conceptos juntos, logrando así confundirlos, por tanto, lo ideal es escribir varias y escoger 1 o 2, no más.

Ya has seleccionado los argumentos que se van a utilizar, ahora debes desarrollarlos en profundidad, utiliza conceptos, datos, ejemplos, citas, anécdotas, y hasta alguna nota de humor, aunque se esté tratando de un discurso serio.

En un discurso existen tres partes muy importantes y ellas son:

La introducción, donde se platea el tema del cual se va hablar, la idea que se quiere proyectar, y el tiempo.

Importante: Verifica bien cuanto tiempo necesitas, esto lo sabrás si ensayas y grabas tus ensayos, basado en el tiempo que el productor del evento desee asignarte, al grabar sabrás cuan largo debe ser tu discurso, procura siempre hacerlo un poco más corto de lo que sea el tiempo que te han de asignar, para que así puedas interactuar mucho más con tu público.

Animadora de programa "Club House Music" visita a Guayama

Por José Sura Pagán
De El Nuevo Impacto

Maravillada con las bellezas y bonitos paisajes que ofrece la ciudad de Guayama llegó hasta nuestra redacción de El Nuevo Impacto la conocida animadora del programa de televisión "Club House Music" el cual se transmite atraves del canal 24 de T.V. todos los sábados de 2:00 p.m. a 2:30 p.m. en su nuevo horario.

De acuerdo a la joven animadora, Valery Fontánez Santiago, explicó que "Club House Music" es un programa de variedades con entrevistas, presentación de grupos musicales de diferentes géneros musicales e información en torno a eventos a celebrarse en toda la isla. "El programa es bien ameno ya que es un "Talkshow", tenemos un área (V.I.P) y prontamente estaremos por diferente lugares del país grabando nuestro programa.

Además la animadora y ex modelo la cual estuvo acompañada de otra joven talentosa Cherly Figueroa, quien es su asistente de producción del mencionado programa. Explicó que está ligada por muchos años al mundo de la Farándula y el Modelaje y recordó los momentos cuando participó hace algunos años en el certamen de belleza "Miss Mundo de Puerto Rico" donde fue primera finalista. Además, ganó el premio de Fotogénica y Cooperación en ese mismo certamen. Ahí comienza la faena en el mundo del espectáculo, simultáneamente cuando obtiene su bachillerato en Administración Empresarial. En sus comienzos estuvo ligada a las orquestas, La Máquina, con el conocido promotor de orquestas, Fernando Colón, donde trabajó como su asistente. Luego más adelante se integró

Valery
Fontánez
Santiago

a las producciones de Ramón Rivera y tomó las riendas de las Nenas del Swing, como relacionista pública donde esta animadora menciona que: "Las llevé a lo más alto de popularidad, todo el mundo las conoció y estuvieron bien pegadas. Trabajé también con el grupo Karis y otros. Además he estado en otras producciones ligada a Tropic Music entre otras. La llegada de la animación de "Club House Music" ha sido extraordinaria, ésta bajo la producción del productor Edgardo Sánchez, dirigido por Iván Saus. Cuento con gente con mucho talento en nuestro programa", concluyó la animadora.

La animadora hizo un aparte y nos habló de su nuevo proyecto el que consiste en la creación de un nuevo programa radial através de Radio Tiempo que comenzará prontamente todos los sábados a las 6:00 de la tarde más o menos similar a "Club House Music" pero en la radio.

"Es mi regreso a la radio, ya que en el pasado estuve ligada a los medios y fue una experiencia inolvidable, así es que prontamente estaremos con nuestros amigos del área de Guayama ya sea através de la radio como con mis amigos de Club House Music," señaló la joven animadora.

UNA IDEA QUE DEBE SER CLAVE

Tu discurso girará sobre una idea principal o idea clave, no olvides que hablar en público es una oportunidad que no se debe desaprovechar, por eso no puedes perder tu tiempo hablando de temas irrelevantes o menos importantes.

Tienes que ser capaz de ir directo al punto en tu discurso, lo más recomendable es que te concentres en dar un mensaje que sea claro, en vez de estar hablando de diferentes ideas, ya que solo conseguirás aburrir y confundir a tu público.

Cuando hablas en público, al igual que en tu vida personal, debes hablar siendo preciso y conciso, de este modo lograrás captar la atención y evitarás crear confusión en tu público. Para conseguir una idea clave, debes tener un periodo de reflexión, y hasta que no estés seguro, no debes comenzar a desarrollar el discurso.

En una idea principal se dialoga sobre lo que se expresa a través de la introducción, de este modo, el público se familiariza con el tema a tratar, el desarrollo, y la conclusión.

La meta al finalizar tu discurso debe ser que el público haya entendido tu opinión, tus argumentos, entiendan a perfección el desarrollo de los distintos argumentos presentados, llevándolos así a una conclusión.

Recuerda que el público no tan solo analizara tu forma de vestir, también analiza y evaluara tus gestos, la estructura de las frases, y el lenguaje utilizado. Por tanto, debes mantener un lenguaje claro, directo, con frases sencillas y cortas que facilitarán el mejor entendimiento.

Sin olvidar varios aspectos importantes:

- ✓ El discurso debe ser uno atractivo.
- ✓ Debe ser ágil.
- ✓ Debe ser fácil de entender.
- ✓ Debe ser novedoso.
- ✓ Debe estar bien fundamentado.
- ✓ Pero sobre todo debe ser muy interesante.

Si proyectas con seguridad tu idea, y sin rodeos como diríamos, directo al punto, lograrás una excelente comprensión y evitarás que tu público se aburra.

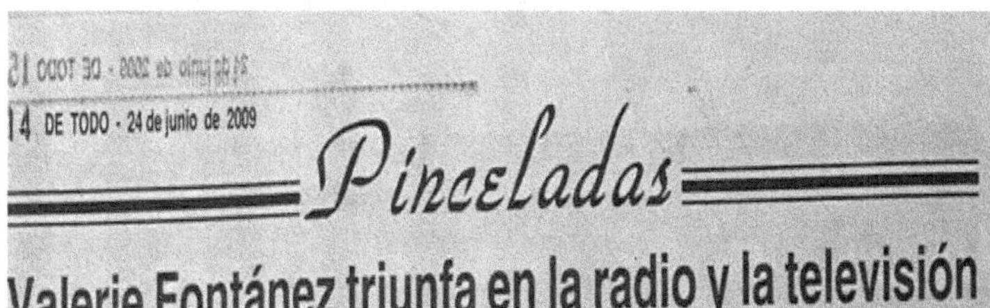

Pinceladas

Valerie Fontánez triunfa en la radio y la televisión

Por Carlos F. Gutiérrez
Redacción DE TODO

Después de una exitosa carrera como Productora Independiente de Espectáculos en el competitivo mundo de la música y la televisión, la joven Empresaria, Relacionista Pública y modelo, Valerie Fontánez Santiago, vuelve a los medios de comunicación en un ameno programa de entrevistas llamado "Punto al Asunto" que se transmite los sábados a las nueve de la mañana por Radio Oro 92.5 FM.

Valerie ha tenido varios espacios radiales durante el transcurso de muchos años, en los cuales ha tenido mucho éxito porque ella busca la identificación directa con el pueblo, y en esta ocasión tiene un nuevo programa radial en el cual le brindará a los oyentes los temas de mayor interés, tales como: Salud, Enfermedades, Cirugías y sus Complicaciones, Leyes de Divorcio, Herencias, Derechos Autorales, Relaciones Paternofiliales, Problemas Sociales sobre Maltrato, Drogas, Alcohol, entre otros.

Se entrevistarán artistas locales e intenacionales. "Nos interesa que el público se entere de las cosas buenas que les suceden a los artistas. La vida personal no la vamos a discutir. Tanto a ellos como al público que nos sintonice, se les dará entretenimiento con calidad", expresa la conductora del programa.

Durante su carrera profesional, Valerie Fontánez ha laborado junto a Olga Tañón, Víctor Roque, Mambo, Las Nenas y los Condes, entre muchos otros artistas nacionales e internacionales.

La ágil y emprendedora empresaria de los medios es Relacionista Pública y Promotora de Mercadeo. Además, tiene una compañía de camiones (M.V.N. Transport). Sin embargo, reconoce que su familia es su mayor logro.

"Dios bendiga a mis tres hijas, a mi esposo Edgardo, a mis papás y a buenos amigos como Richie Viera y el Dr. Carlos Avellanet, porque son excelentes seres humanos. Los aprecio mucho y les deseo lo mejor siempre", acota.

En el 2001, Personalidades Distinguidas, Inc. la exaltó y le entregó un pergamino como "Dama Distinguida de Puerto Rico 2001".

En marzo de 1990, en el Certamen "Señora Mundo de Puerto Rico", celebrado la noche del 24 de febrero en el Centro de Convenciones del Condado, obtuvo los siguientes galardones: Señora Cooperación, Señora Fotogénica y Primera Finalista.

Después de haber obtenido su Bachillerato en Contabilidad y una Maestría en Administración de

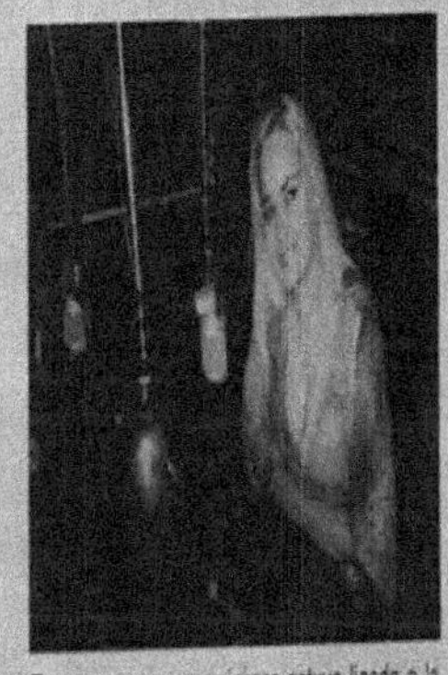

Empresas, en sus comienzos estuvo ligada a la promoción y producción de orquestas y grupos musicales durante años. Poco a poco se abrió al mundo de la Radio y la Televisión donde ha obtenido diversos reconocimientos como animadora, conductora y productora radial. A pesar de sus logros en el campo empresarial, los humos no se le han subido a la cabeza y se mantiene firme en sus metas a corto y largo plazo. Sobre todo, ofrecer ayuda a la gente desamparada, pobre, que necesita algún tipo de servicio para salir de sus amarguras.

INTRODUCCIÓN

La introducción es una parte fundamental en cualquier discurso. En el discurso tienes que buscar atraer la atención del público, debe ser interesante, atractivo, tienes que verte y sentirte preparada, para así poder transmitírselo a tu público con entusiasmo, de este modo lograrás captar la atención del público. Si, por el contrario, no logras en el principio atraer la atención del público, ya luego te será mucho más difícil.

Factores que son perjudiciales:

- ✓ Que se escuche tu voz monótona.
- ✓ Que te vean nerviosa.
- ✓ Que no te escuchen claro.

Tu presentación debe ser breve, se tratará solo de introducir el tema del cual vas a hablar, quedando claro sobre el asunto que vas abordar y tu opinión sobre el mismo.

Si tu discurso es largo, entonces lo recomendable es trabajar un guion (libreto), en el cual indicaras los temas a exponer.

La introducción debe estar preparada con conciencia. Empieza siempre tu introducción con mucha alegría, entusiasmo, pero sobre todo con mucha energía, y no olvides que antes de comenzar debes saludar y agradecer al equipo de trabajo y al público presente.

Personalidades Distinguidas, Inc.

P. O. Box 10208 San Juan   Puerto Rico 00908
2001

737-722-8790

FAVOR DE LLAMAR DE INMEDIATO AL: 722-8790
PARA DARNOS SU RESPUESTA AFIRMATIVA
GRACIAS.

A:

VALERIE FONTANEZ:

PARA SALUDAR Y COMUNICARLE QUE NUESTRO COMITÉ HA TENIDO El HONOR DE SELECCIONARLA A USTED, ENTRE LAS PROPUESTAS RECIBIDAS, PARA EXALTARLA Y HOMENAJEARLA COMO:

DAMA DISTINGUIDA DE PUERTO RICO 2001

OTORGARLE A USTED ESTA MERECIDA DISTINCION POR SU BRILLANTE TRAYECTORIA Y SUS LOGROS. IGUAL QUE HAREMOS CON OTRAS DAMAS SELECCIONADAS QUE COMO USTED QUE VA A REPRESENTAR EXCLUSIVAMENTE A SU PUEBLO; SE DISTINGUEN EN PUERTO RICO.

LA ENTREGA DE ESTE RECONOCIMIENTO Y APLAUSO PUBLICO SE LLEVARA A CABO El SABADO 24 DE NOVIEMBRE, A LAS 8:00 pm EN El HOTEL PIERRE DEL CONDADO.

OFRECEMOS A LAS HOMENAJEADAS Y PUBLICO PRESENTE UN COCTEL CON ENTREMESES, ADEMAS DE UN FABULOSO ESPECTACULO A CARGO DE GATO STEFFANO Y OTROS ARTISTAS INVITADOS.

SERA UNA NOCHE INOLVIDABLE. LA LECTURA DE SEMBLANZAS DE LAS HOMENAJEADAS Y LA ENTREGA DE PROCLAMAS SERAN INTERCALADAS EN ESTE PRESTIGIOSO EVENTO CIVICO-CULTURAL QUE SERA CUBIERTO POR LOS MEDIOS DE COMUNICACIÓN.

DESARROLLO DEL TEMA A DISCUTIR

Durante el desarrollo del discurso estarás exponiendo muchos de los argumentos principales que fortalecerán la idea que estás defendiendo.

Tienes que ser selectivo en el momento de utilizar tus argumentos de apoyo, recuerda utilizar entre 1 y 3, recuerda no alargar más de lo necesario tu discurso, tampoco debes abusar de los datos y de los detalles, ya que estos pudieran ocultar aspectos muy importantes.

Siempre tienes que dar información que sea altamente relevante.

El desarrollo tiene ser que ágil, y debe estar combinado con varios aspectos teóricos, como citas, comparaciones y hasta anécdotas.

EN CONCLUSIÓN

La conclusión es un recordatorio del discurso hablado, sobre el punto de vista y sobre los principales argumentos, debes mantener un lenguaje enfático, siempre hablando con determinación, con entusiasmo.

La conclusión debe ser una breve, donde únicamente hablarás sobre los puntos que has expuesto. Recuerda que la conclusión, al igual que la introducción, son una parte muy fundamental para tu discurso.

Debes tener la conclusión aprendida de memoria, para que así no tengas que utilizar una libreta con apuntes, aunque lo recomendable es tenerla siempre a la mano por si olvidas algo. Recuerda siempre mantener la espontaneidad, teniendo siempre el control de tus gestos, mantén tu miranda hacia los puntos fijos ya seleccionados, y no te preocupes que el público no se dará cuenta y pensarán que los estas mirando, has el ensayo con familiares y amigos.

Al cierre de tu discurso debes agradecer al público por su asistencia, te retirarás con paso lento, escuchando los aplausos, sin olvidar que lo correcto siempre será retirarte del escenario antes que los aplausos finalicen.

"Ultrajada, más no violada"
INVENCIBLE
Valerie E. Fontanez
DES CAR GAS
Creando conciencias
LA ABUELA INVENCIBLE
"En el parque de diversiones"
Valerie E Fontanez
CUANDO YA NO ESTE
"Llevame siempre contigo"
Valerie E Fontanez
INVINCIBLE
"Outraged, but Violated"
BEST SELLER
DOWNLOADS
BEST SELLER
"Creating Aware"
THE INVINCIBLE GRANDMOTHER
"At the amusement park"
Valerie E Fontanez
WHEN I'M NO LONGER
"Take me with you"
Valerie Fontanez

ENSAYO

Para cualquier intervención pública, véase en este caso como un discurso, tienes que ser exigente en cuanto a la preparación del mismo, no puedes dejar nada en el aire, (por decir así).

Algo que es extremadamente importante son los ensayos, tienes que ensayar muchas veces, esa es una de las claves del éxito.

Cuando ensayas con seriedad, significa que deseas dominar el acto a seguir, en adición que contribuirá a aumentar la autoconfianza, reduciendo los niveles de tensión.

Ensaya los días antes del evento, también repasar tu guion o libreto varias veces al día, y hasta de camino al evento.

Dentro del ensayo debes:

Leer el discurso en voz alta, desde el comienzo hasta el final.

Practicar la voz, los silencios, las miradas, los movimientos, las manos, y hasta los gestos involuntarios de la cara.

Asegúrate de que tu micrófono esté funcionando bien.

Si vas a utilizar transparencias, asegúrate de tener el equipo competo para dicha presentación.

Apóyate en una pizarra para colocar las notas importantes.

Tienes que demostrar desde el momento en que te subes a esa tarima, serenidad, entusiasmo, respeto, seriedad, demostrar seguridad en cuanto al tema que has de tratar, convencer a tu público de que te apasiona tu profesión y que la disfrutas, en conclusión, que conoces el tema a la perfección.

Y si te ha pasado por la mente improvisar, es válido, pero también lo tienes que ensayar, para que sea creíble por tu público. Insisto, y nuevamente te lo repito, graba tus ensayos y si puedes haz un video para que así puedas analizar tu voz, tus manos, tus gestos y tu seguridad, a través de estas grabaciones de audio y visuales lograrás detectar con facilidad los fallos y se te hará mucho más fácil corregirlos.

Si consigues la aprobación de la producción del evento para hacer al menos un ensayo con el sonido y las luces, seria excelente, pero si no se puede, hazlo como aquí te expliqué.

Acrílico con acabado en
esmalte de Gelatina
APRENDE
RAPIDO Y
FACIL
Valerie E.Fontanez
APRENDE
RÁPIDO Y
FÁCIL
LEARN
FAST
AND
EASY
LEARN FAST AND EASY
LEARN
FAST
AND
EASY
Acrylic Nails with Jel
Valerie E Fontan
e Fontanez
LASS NAILS

ANTES DEL DISCURSO Y EL DIA DEL DISCURSO

En la actividad debes estar tranquilo y relajado. La noche anterior al evento debes dormir mínimo tus 8 horas, para que así logres tener tu mente despejada, y 100% a capacidad.

Debes sentirte confiado y seguro que todo saldrá bien.

Evita situaciones incómodas con familiares y amigos, que solamente conseguirán ponerte nerviosa.

Evita varios días antes del evento participar de reuniones, actividades, esto solo te dejará cansada para el día del evento.

Si has de alimentarte, debes hacerlo varias horas antes de tu presentación, para así evitar una mala indigestión causada por el estrés que involuntariamente vas a tener.

Evita el alcohol, el café, o pastillas tranquilizantes, esto podría provocar reacciones inesperadas en el escenario.

Si la actividad es lejos de tu residencia, es conveniente que te quedes en algún hotel desde el día antes, para evitar el estrés del viaje hacia el evento.

Haz todo lo posible de llegar una hora antes al evento, para así asegurarte que todo está en orden para tu presentación en público.

Al Asunto

LA REVIS

CONTENIDO

MENSAJE DE LA DI...

Antes que nada les quiero da...
a Dios y a todos nuestr...
colaboradores, auspiciadore...
trabajo, y a todas y cada una d...
que nos han apoyado en la...
esta revista.

Despues de 12 meses de ard...
la revista Punto Al Asunto es...
que estamos celebrando n...
aniversario.

El objetivo principal de Pun...
sido llevarles siempre l...
fiel y exacta de lo que aq...
dirigida a la orientació...
educación y entretenimient...
bien contentos por que...
nuestros objetivos han sid...

No me queda más que n...
las Gracias, y decirles...
Asunto seguiremos tra...
mejor que como lo he...
ahora.

Dios les Bendiga

Valer...
E-mail:puntoalasu...

LA PRESENTACIÓN

El productor deberá entregar unas hojas sueltas a su equipo de trabajo para repartir entre el público, en donde se lea tu biografía y el contenido del discurso a presentarse, de este modo, el público tendrá la oportunidad de leerlo, y analizarlo, esta es una estrategia positiva para la aceptación del público antes del evento.

Ya cuando estés presente para comenzar tu discurso, nuevamente te repito dar las gracias al productor del evento por haberte dado la oportunidad de poder exponer tus pensamientos, junto a tus ideas, y al equipo de trabajo por todo el apoyo y ayuda brindada.

No aparentes ser quien no eres, a la gente no le gustan las personas plásticas por decir así, a la gente les gusta ver la honestidad y sinceridad en los ojos del protagonista.

Tampoco tienes que decir cuántos diplomas o certificaciones tienes, porque proyectarás que eres arrogante, y sería un punto muy negativo para tu presentación, para este momento, ya el público sabe quién eres, no se lo tienes que decir.

13
!Basta Ya!
Se Acabó el silencio
Domingos de
5:00 p.m. a 6:00 p.m.
por el Canal 13
Valerie Fontánez
Conductora del Programa
BASTA YA! "se acabó el silencio"

INTERVENCIÓN

Un discurso no solo consiste simplemente en leer o memorizar un texto, más bien es exponer de manera convincente tus ideas, a través de la intervención lograrás captar y mantener la atención del público.

Una intervención no se trata de asombrar al público con lo que uno sabe, se trata de la originalidad del estilo que utilizas.

Tienes que llegar al público de manera directa.

Debes mantener la emoción, y la atención del público durante todo el discurso, debes aprender a manejar tu lenguaje corporal, me refiero a lo que dices, y como lo dices.

Ten presente que en la mayoría de las veces no somos conscientes del lenguaje corporal, por tanto, nos resulta un poco difícil de controlarlo.

Recuerda que desde el momento que te subas a la tarima, el público sin que hayas comenzado, empezará a evaluarte, desde tu vestimenta, tu forma de caminar, gestos, tu tono de voz, y hasta si estas nerviosa, si proyectas una imagen positiva y segura te será mucho más fácil que el público acepte tus argumentos en vez de rechazarlos.

- ✓ Proyecta una imagen profesional.
- ✓ Demuestra entusiasmo.
- ✓ Mantén todo el tiempo una sonrisa, te ayudará a ganarte al público, porque con lo opuesto solo provocarás los rechazos.

El público estará muy pendiente a la solidez de los argumentos, tomando en cuenta las ideas expuestas.

Cuando hablamos de la comunicación verbal, me refiero a la importancia de los silencios, recuerda que el silencio jugará un papel muy importante, siempre y cuando lo sepas utilizar correctamente.

El silencio solo debe ser utilizado de forma consciente, para así poder establecer las pausas, y destacarlas sin ideas. El silencio no lo puedes utilizar si no tienes un fin determinado, porque conseguirás interferir y/o confundir a tu público.

Nunca olvides, y nuevamente te lo digo, que al público le gusta ver y percibir la naturalidad en ti, también les gusta verte como una persona normal, y nunca superior a ellos, transmite seguridad y confianza para que deseen acercarse a ti cuando finalice el discurso.

Importante:

- ✓ Mantén un vaso de agua en el escenario, ya que te ayudará a aclarar tu voz mientras estás hablando.

- ✓ Mantén un reloj visible, situado en un sitio donde puedas mirarlo y así poder ir controlando los tiempos.

- ✓ Un pañuelo para secar los labios después de tomar agua, o por si de repente te da tos, o deseos de estornudar, porque, aunque pienses que no te pasará, la realidad es que si puede pasar y hay que estar preparado.

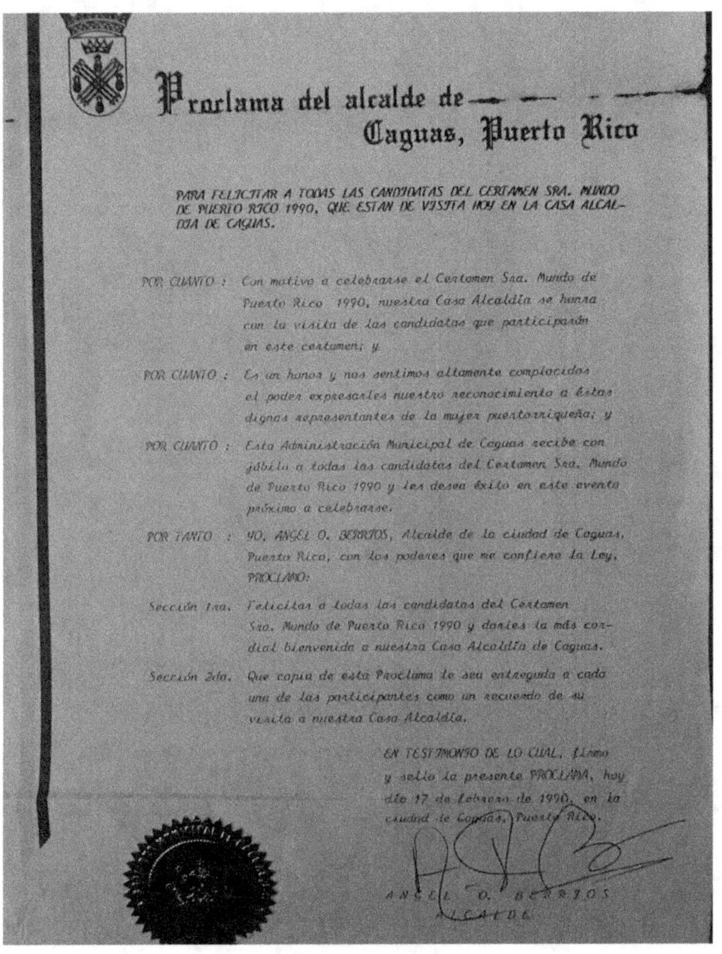

Proclama del alcalde de
Caguas, Puerto Rico

PARA FELICITAR A TODAS LAS CANDIDATAS DEL CERTAMEN SRA. MUNDO DE PUERTO RICO 1990, QUE ESTAN DE VISITA HOY EN LA CASA ALCALDIA DE CAGUAS.

POR CUANTO : Con motivo a celebrarse el Certamen Sra. Mundo de Puerto Rico 1990, nuestra Casa Alcaldía se honra con la visita de las candidatas que participarán en este certamen; y

POR CUANTO : Es un honor y nos sentimos altamente complacidos el poder expresarles nuestro reconocimiento a éstas dignas representantes de la mujer puertorriqueña; y

POR CUANTO : Esta Administración Municipal de Caguas recibe con júbilo a todas las candidatas del Certamen Sra. Mundo de Puerto Rico 1990 y les desea éxito en este evento próximo a celebrarse.

POR TANTO : YO, ANGEL O. BERRIOS, Alcalde de la ciudad de Caguas, Puerto Rico, con los poderes que me confiere la Ley, PROCLAMO:

Sección 1ra. Felicitar a todas las candidatas del Certamen Sra. Mundo de Puerto Rico 1990 y darles la más cordial bienvenida a nuestra Casa Alcaldía de Caguas.

Sección 2da. Que copia de esta Proclama le sea entregada a cada una de las participantes como un recuerdo de su visita a nuestra Casa Alcaldía.

EN TESTIMONIO DE LO CUAL, firmo y sello la presente PROCLAMA, hoy día 17 de febrero de 1990, en la ciudad de Caguas, Puerto Rico.

ANGEL O. BERRIOS
ALCALDE

LA VOZ Y LA MIRADA

Una voz que es monótona, suele ser desagradable, y si se escucha bajita, llevará a la audiencia al desinterés.

Por lo general uno mismo conoce su tono de voz, pero para estar completamente tranquila para el discurso, debes grabarte, porque al escucharte podrás conocer con exactitud cómo suena, y cómo se escucha, para que así puedas corregir los defectos, que no los notas tú, pero el público si lo notará.

Si grabas tu discurso detectaras los fallos, por ejemplo, si estás hablando muy rápido, o si hablas muy bajito. Te sugiero que compartas el contenido de la grabación con alguna persona de tu confianza para que esta persona pueda darte su opinión.

Una vez que ya sabes tus fallos, es momento de comenzar a trabajar en ellos, para así poder mejorar la calidad de proyección de tu voz, es difícil cambiar la voz, pero si se pueden mejorar varios aspectos de la misma.

Por ejemplo, algunos defectos que dificultan una comprensión clara, lo es una voz nasal, una voz excesivamente fina, o gruesa.

Tienes que aprender a modular tu voz, conocer las técnicas precisas de como subir o bajar el tono de tu voz correctamente, como cambiar el ritmo, como acentuar las palabras, porque todo esto te ayudará a captar mucho más la atención del público.

Aprender a jugar con tu voz te ayudará a énfatizar los puntos importantes del discurso, destacar ideas, hablar sobre nuevos argumentos, resaltar las conclusiones y hasta hablar sobre alguna anécdota.

Al hablar claro refuerzas tu vocalización con mayor precisión, ya que por lo general marca los finales de cada palabra.

En el diario vivir nos acostumbramos a hablar bajito, ya que por lo general siempre dialogamos con las personas de cerca, pero cuando se habla en público es diferente, tienes que hacer el esfuerzo de hablar mucho más alto.

No hables demasiado rápido, esto sucede cuando estamos nerviosos, el nerviosismo nos dificulta la comprensión, debes estar bien pendiente a esto, ahora bien, hablar demasiado lento facilitará la comprensión, proyectando así una imagen de seguridad, y a su vez ayudándote a calmar tus nervios.

Siempre debes estar muy atenta al comienzo de tu intervención, ya que si empiezas hablando pausadamente deberás conseguir mantener esta misma línea a lo largo de todo tu discurso.

Para una audiencia aproximadamente de 50 personas, debes utilizar micrófono, este debes mantenerlo siempre a la misma distancia de la boca, si te acercas mucho o te alejas mucho, tu voz no se escuchará bien.

Tienes que asegurarte de que el volumen que tiene el micrófono es el adecuado, de este modo te estás asegurando de que la voz llegue al público y se escuche con claridad. Si hablas con un tono más bajo debes subir el volumen del micrófono, de lo contrario tendrás que hablar más alto.

Una regla importante que nunca debes olvidar es hablar con naturalidad, y el público te lo agradecerá.

HABLEMOS DE LA MIRADA

Esta juega un papel muy importante, ya que es un excelente medio de conexión con el público. A la gente le gusta que cuando le hables los mires a los ojos, ahora bien, recuerda lo que te dije: les harás creer que los estas mirando, cuando la realidad es que estás mirando los puntos fijos, puedes, de vez en cuando, mirarlos directamente a los ojos, demostrando la confianza y seguridad que tienes en ti misma.

Cuando miras directamente al público, demuestras tener una imagen honesta, agradable, optimista, segura de ti misma, nunca olvides que la simpatía enamora al público. Los puntos fijos son para crearte confianza y disminuir los nervios, ahora bien, cuando ya te sientas en confianza, y entiendas que tienes el control total, entonces olvida los puntos fijos y mira todo el tiempo al público, recordando que, si decides mirar al público, debe ser a todos por igual, nunca debes concentrar tu mirada en un grupo específico, ya que el público pensará que estas teniendo alguna preferencia con algún grupo en particular, lo cual pudiera ser perjudicial.

Puedes utilizar tus momentos de silencio para mirar al público, ahora bien, tienes que sentirte sumamente segura y tranquila para que nada de lo que veas o escuches te afecte, recuerda que siempre habrá personas que criticarán, pero si tienes tu autoestima alta, y estas 100% segura de que tu trabajo está siendo realizado con amor y pasión, nada deberá afectarte.

Transformation by Valerie
TRANSFORMATION BEGINS WITH YOUR MIND AND A
POSITIVE ATTITUDE.
NEVER FORGET THAT YOU SHINE WITH YOUR OWN LIGHT

EL LENGUAJE

Utilizar un lenguaje apropiado en todo momento, especialmente cuando nos dirigimos al público, es esencial, porque nos garantizará que los términos y expresiones que hemos utilizado, serán entendidos por la mayoría del público.

Si utilizas abreviaturas, debes estar seguro que el público las entiende, de lo contrario, tendrás que explicarles su significado.

El objetivo del discurso es ganarte al público con las ideas, no se trata de querer asombrarlos.

Utiliza un lenguaje preciso y directo con frases sencillas y cortas a su vez utilizando tiempos verbales simples.

Nunca olvides que el público agradece la sencillez y aborrecen a las personas pedantes.

Determinada a tri

Fontanez incursionó en la radio en programas de entrevistas en HQ, Radio Zas y Radio WLUZ, de Bayamón.

"Sin lugar a dudas la radio ha sido un lugar donde adquirí mucha experiencia," señala en entrevista en las oficinas de EL EXPRESSO. Muchos recordarán a Valerie como animadora del programa "Club House," en el Canal 24 y como la novia de "Cholón" del programa

"El Gran Bejuco," de Producciones Tony Mojena.

"Club House" desapareció del aire siendo un programa completamente vendido y con una audiencia que gustaba por los videos musicales. La razón, muy sencilla: cuando el Canal 4 compró el Canal 24, aumentaron las tarifas a niveles que era imposible pagar", señala la bella modelo.

También Valerie fundó su propia empresa, MVN Productions, la cual se dedica a promover orquestas y otros tipos de eventos.

"El mundo de la música, hablando del punto de vista empresarial, es uno de desventaja para la mujer," señala.

"Muchos quieren otras cosas y no aceptan todavía que una mujer sea quien lleve las riendas de tal o cual negocio," apunta la joven empresaria.

"Por eso decidí reenfocar mi negocio y entrar de lleno en producciones de televisión," sostiene durante la

VALERIE FONTANEZ

Junto a sus tres hijas, Valerie, Nilka y Mirta, quienes serán las protagonistas del programa "Only for Kids", producido para un público infantil.

LENGUAJE CORPORAL

El lenguaje verbal existe en el lenguaje corporal, los movimientos, gestos, actitudes, muchas veces inconscientemente, que por lo general desconocemos como funciona. A través de tu lenguaje corporal transmites nervios, timidez, seguridad, confianza, dominio, dudas o entusiasmo.

Desde el momento que te subes a la tarima, si comienzas a utilizar el lenguaje corporal de modo positivo, lograrás atraer más al público, por ello debes transmitir serenidad y naturalidad, sube a la tarima con seguridad y tranquilidad.

No podemos olvidar que la prisa proyecta tus nervios y tu inseguridad. Debes moverte en el escenario, no quedarte en un solo sitio, siempre controlando tus movimientos.

Si alguien del público te formula una pregunta, debes responder mirando a todo el público.

L MUNDO ■ LUNES 10 DE NOVIEMBRE DE 1986
DISTINGASE VISTIENDO DE:
Boutique
Estaremos abiertos el próximo martes 11
de noviembre (Día del Veterano) de 9:00
A.M. a 6:00 P.M. Ofreciéndote un
30%
DESCUENTO
EN MERCANCIA
DE CALIDAD
ACABADA DE RECIBIR PARA NAVIDAD
Aprovecha la oportunidad de adquirir tu vestido
para las Fiestas de Navidad y a buen precio.
Estamos localizados en:
AVE. MAIN BLOQUE 57 #1
SANTA ROSA, BAYAMON
(Justo detrás de la Fábrica Mitel) TEL. 787-9872
Nov. 10, 1986

TU IMAGEN

Adicional al lenguaje corporal y verbal, estarás transmitiendo una imagen personal que será criticada, ya sea positivamente o negativamente, siempre tienes que proyectar una imagen positiva, nunca puedes proyectar una imagen negativa de tu persona.

Una imagen agradable siempre será valorada positivamente por el público, aunque seas tímido. Cuando tienes una imagen descuidada, lo que consigues es poner al público en contra.

Siempre debes vestir de forma apropiada, si es una actividad formal, vestimenta formal y si es una actividad informal, vestimenta casual.

Debes preguntar al productor que tipo de actividad ha de ser, de este modo podrás tener mucho más claro, cuál será la vestimenta más apropiada para ti.

Una vez que ya sabes qué tipo de actividad que ha de ser, entonces eliges tu vestimenta, siempre sobresaltando ante los demás, ya que eres la protagonista.

Tienes que sentirte cómoda con la vestimenta que elijas, no obstante, debes evitar todo exceso, tu imagen debe resaltar tu figura, sin llegar a la vulgaridad, recuerda que el objetivo es atraer la atención del público en cuanto al discurso, no se está buscando distraer la atención en tu persona.

Una regla que me ayudo machismo cuando estudie Modelaje Profesional, fue la famosa regla del 14, lo cual significa que debes contar cada una de tus prendas que tienes puestas, incluyendo el maquillaje, accesorios, medias, zapatos, cartera en fin TODO, vas a contar cada prenda y si te da un número mayor a 14 quiere decir que estas sobrecargada.

Tu imagen debe ser apropiada con el mensaje que estás transmitiendo.

Si decides leer el discurso no existe la menor posibilidad de movimiento, y debes mantener una postura cómoda y erguida, una postura natural, no forzada, y nunca debes apoyarte del micrófono o del atril que tienes enfrente, ya que con eso solo conseguirás proyectar una sensación de inseguridad y cansancio.

No olvides que los movimientos deben ser acordes, las manos se utilizan solo para enfatizar aquello que se está diciendo, de igual manera con tu voz, tus gestos deben actuar coordinadamente. Ten presente que de pie en el escenario proyectas autoridad.

Sentado en algún lateral del escenario proyectarás una actitud mucho más relajada.

El VOCERO, San Juan — Sábado 28 de Octubre de 1989

Activ

Actividad
periodistas

La Asociación de Periodistas de P.R. (ASPPRO) anunció que hoy, sábado 28, celebrará una asamblea para reorganizar el capítulo del Sur, en el Cole-

SRA. TOA ALTA

Posponen certamen Sra. Mundo

El concurso de belleza "Señora Mundo de Puerto Rico" — certamen final — a llevarse a cabo en el Hotel La Concha el 19 de noviembre fue pospuesto para la noche del sábado 14 de enero de 1990, por lo que aquellas señoras casadas que deseen participar y que todavía no se han inscrito todavía puedan hacerlo. Las interesadas pueden llamar a los teléfonos: 728-0945 y 751-1138. En la foto, "La Señora Toa Alta": Valerie Fontánez de Sánchez, quien fue coronada en la plaza de dicho pueblo. Es casada con Edgardo Sánchez y tienen una hija.

VARIOS RECURSOS DE APOYO

Puedes apoyar tu discurso utilizando varios recursos visuales, pizarra, transparencia etc. Estos sirven para:

- ✓ Captar la atención del publico
- ✓ Facilitar la comprensión
- ✓ Ayudar a transmitir profesionalismo
- ✓ Brindarte seguridad

Solo tú sabrás como y cuando utilizar estos recursos visuales, los cuales te servirán de apoyo en el discurso, ayudando así a captar la atención del público.

La simplicidad se utiliza para clarificar y hacer más comprensible la exposición, con esto solo se consiguen unas imágenes más sencillas, no muy complejas para que sean fáciles de interpretar.

Cuando utilizas imágenes de colores, estás permitiendo resaltar lo más relevante, marcando así las diferencias que hacen que la imagen resulte mucho más atractiva.

Cuando utilices el material de apoyo, debe ser solo eso, material de apoyo, es solo un apoyo al discurso y no debe convertirse en la base de tu presentación.

Debes incluir siempre en cada uno de tus ensayos todos y cada uno de tus materiales de apoyo, para que, de este modo, cuando ensayes los utilices.

Tu apariencia debe ser una impecable, debes estar bien peinada, debes tener buena higiene bucal, en general tu vestimenta debe estar impecable.

ANOTACIONES DE APOYO

No debes limitarte a solo leer el discurso, porque se convertirá en uno aburrido por la falta de espontaneidad e improvisación, el improvisar tienes sus ventajas y desventajas, se dice que es recomendable improvisar de vez en cuando, pero a su vez estas corriendo el riesgo de que se te olvide el discurso, (quedarte en blanco).

Ahora bien, esto lo puedes evitar utilizando las anotaciones de apoyo, en adición de que te ayudarán a desarrollar tu discurso.

Cuando confías únicamente en la memoria, corres un alto riesgo de quedarte en blanco, olvidando así varios puntos importantes del discurso.

En la preparación de las anotaciones de apoyo, debes tener en cuenta que deben ser en una letra grande, que sea fácil de leer.

- ✓ Deben tener palabras claves, ideas básicas.
- ✓ Nunca debes recargar tus anotaciones, ya que te dificultará leerlas con facilidad.
- ✓ Solo las escribirás por un solo lado del papel.
- ✓ Debes utilizar un papel que sea firme y fácil de manejar.
- ✓ Debes ordenarlas con números, según el orden de tu discurso.

Es muy importante prepararte muy bien, por si acaso no funcionan las imágenes de apoyo, para que así puedas hacer tu discurso sin problema alguno.

Si vas a utilizar transparencias o demostraciones en la pizarra, deberás indicarle al público al comienzo del discurso, que al final del mismo se le hará entrega del material presentado, de esta manera evitamos que se pasen todo el discurso haciendo anotaciones.

Si solo utilizarás la pizarra, entonces debes desarrollar una explicación paso a paso.

Cuando es solo este el único medio que se utilizara, los grupos deberán ser reducidos a no más de 40 personas.

Debes escribir una letra que sea clara y grande, y muy fácil de entender.

Los colores que pudieras utilizar para subrayar son: rojo, azul, negro, recuerda utilizar uno solo para escribir y uno solo para subrayar.

Mientras escribes en la pizarra debes pararte a un solo lado, nunca en frente para así no tapar el escrito.

Una vez termines de escribir te voltearás rápidamente quedando al lado de la pizarra.

CÓMO CAPTAR LA ATENCIÓN DEL PÚBLICO

Saludar al público, al subir a la tarima, seguido, procedes a dar las gracias a la audiencia por su presencia.

Agradecer públicamente al productor del evento y a su equipo de trabajo.

Demuestra que eres una persona amable a través de tu expresión y a través de la voz.

Mirar al público fortalecerá la comunicación.

Si deseas puedes introducir el discurso con algunos toques de humor (opcional).

Al finalizar tu discurso vuelves a dar las gracias, y siempre con una sonrisa.

Otra manera de ganarte el público es diciendo tu discurso lo más natural posible, evitando convertirlo en un monologo.

Debes estar pendiente de la reacción del público en todo momento.

LA REACCIÓN DEL PÚBLICO Y SITUACIONES DIFÍCILES

Lo peor que puede ocurrir es no conseguir captar la atención del público, es peor aún, si el público manifiesta su desacuerdo en cuanto a tus argumentos.

Si el público no muestra interés, jamás será posible la comunicación.

Por eso es sumamente importante saludar, ser amable, jugar con tus gestos, voz y mirada.

Por lo general el público pierde interés al inicio, pero reaccionan rápidamente.

Si el público se desconecta, definitivamente va a ser muy difícil volver a traer su atención, ya que no entenderán el discurso.

La extensión del discurso juega un papel contra el reloj, por tanto, debes ser lo más breve posible, esto quiere decir, que el discurso durará el tiempo que deba durar, pero esto no debe suceder si no es necesario.

Lo importante es no perder la calma y no alterarte. Si el público no se encuentra contento con el discurso, lo ideal es interrumpir el discurso con naturalidad, sin demostrar ningún tipo de contrariedad, en estas situaciones debes reaccionar con naturalidad.

Si no lo haces así, continuaran llegando los comentarios de público, lo que provocará que sigas perdiendo su atención.

Si la situación se extiende más allá de lo razonable, lo adecuado siempre será interrumpir el acto.

SITUACIONES DIFÍCILES

Aunque no es normal, en ocasiones podría suceder que una persona del publico te hable con dureza, puede producirse un ataque a mitad del discurso, interrumpiendo el mismo.

Tienes que estar preparada para recibir críticas, lo que no has de permitir es que te falten el respeto.

Estos momentos son delicados y bien desagradables, por tanto, debes siempre mantener la calma y sostener tu educación.

Si el público se exalta, deberás pedirles que se tranquilicen, y con paciencia y tolerancia deberás tratar de resolver y controlar la situación, pero si ves que no puedes, pide ayuda inmediatamente al equipo de trabajo, junto con la pronta intervención del productor, que, sin duda alguna, logrará controlar la dicha situación.

CONCLUSIÓN

No importa las lágrimas y los tropiezos que haz de encontrar en tu camino, si tu corazón está lleno de amor, seguir hacia delante será cosa fácil.

Tu perseverancia te ayudará a cumplir cada una de tus metas, no importa si te va mal, eso es parte de aprender en este camino que se llama vida, lo importante es obtener un aprendizaje de lo malo, para siempre sacar algo bueno de lo vivido, son lecciones de vida y nada más.

Si te caes, te levantas, te sacudes y sigues caminando, SIN MIEDO.

Tú serás quien quieras ser, tu éxito, al igual que tu fracaso, solo dependerán de ti.

¡Recuerda que brillas con luz propia y que el cielo es el límite!

AGRADECIMIENTOS

Agradezco primero a Dios, porque con él todo y sin el nada.

Gracias por haberme dado unos padres maravillosos, tanto así que, aunque ya no están conmigo físicamente, nunca los olvido, los extraño y los sigo amando.

Gracias por la vida y la salud.

Gracias por el techo y la comida.

Gracias por todo lo que nos provees día a día.

Gracias por que nunca nos has dejado solos.

Gracias por que siempre estás a nuestro lado, cuidando y guiando cada uno de nuestros pasos.

Gracias a mis hijos por su Amor Incondicional, ¡Los Amo!

Gracias a mis nietas porque saben cómo hacerme reír, ¡las Amo!

Gracias mi gotita de miel, porque siempre me estás apoyando y ayudando en cada paso que doy, ¡Te Amo!

Gracias Edgardo, por nunca haberme dejado sola, gracias porque en los peores momentos de mi vida has sido la mano que me ha sujetado y nunca me ha soltado, gracias Amor Incondicional, ¡Te Amo!

Gracias a Tío Héctor, porque cuando necesite ayuda, sin

pensarlo me ayudaste, me apoyaste y estuviste al pendiente de Alejandro y de mí, si no hubiera sido por ti, quizás la historia de Alejandro hubiera sido diferente. Dios te bendiga, ¡Te quiero Mucho!.

Gracias a Yoleiza, no sé cómo agradecerte todo lo haces para que los escritos de mis libros sean perfectos, te has convertido en mucho más que una gran amiga, te considero parte de mi familia.

Gracias al Profesor Pedro Guevara, ha sido un gran honor para mí poder contar con un profesional como usted, más que bendecida me siento de tenerlo en mi equipo de trabajo.

Gracias a José Luis por tus consejos y sugerencias en cuanto a las portadas, títulos y subtítulos de algunos de mis libros, sin saberlo te has convertido en mi Mentor.

LIBRETA DE ANOTACIONES

SIN MIEDO AL MIEDO AL HABLAR EN PÚBLICO
"Consejos claves para superarlo"

75

Enlaces de contacto con Valerie E. Fontánez

Facebook
http://www.facebook.com/ValerieFontanezSantiago
http://www.facebook.com/ValerieFontanez
http:www.facebook.com/puntoalasunto
http://www.facebook.com/mvnmusic

Twitter
http;//twitter.com/valeriefontanez

Instagram
Valerie Fontánez Santiago

Email
valeriefontanez@gmail.com
Invencible0722@gmail.com

Whatsapp

Apartado Postal
P.O. Box 782316
Orlando, Florida 32878
P.O. Box 50001
Levittown, P.R. 00950

Información de contacto y comentarios de Yoleiza Acosta, Freelancer colaboradora en la corrección de mis libros.

Facebook
https://www.facebook.com/yoleiza.acosta

Twitter
http://twitter.com/yoleizaacosta

Instagram
Yoleiza Acosta

Email
Yoleiza777@gmail.com
yoleizaacosta@gmail.com

Whatsapp
+5804168466703

Comentarios:

Cada día me siento más afortunada por formar parte del equipo de trabajo de una persona tan especial como es Valerie Fontánez, debo confesar que ignoraba por completo que fuera una mujer con una experiencia tan fascinante, lo que demuestra una vez más su humildad y don de gentes. Este libro, al igual que los otros, aporta una gran enseñanza narrada de forma sencilla, lo cual hace que llegue a todos y cumpla su objetivo, informar, ayudar, colaborar con el progreso de muchos. Personalmente me ha ayudado mucho, y a mi hija, quien también necesitará mucho de estos aprendizajes para triunfar en su carrera como cantante profesional. No sé cómo pagarte Valerie.

Información de contacto de Pedro Guevara, Traductor de mis libros.

Facebook
https://www.facebook.com/pedroguevararojas

Twitter
http://twitter.com/pedroguevararojas

Email
pedroguevara1960@gmail.com

Comentarios:

Con cada libro que traduzco de la Sra. Valerie Fontánez, siento que me su riqueza intelectual y espiritual no tiene límites, un ejemplo de mujer valiente, luchadora, esposa, madre, abuela, que brinda al mundo un cúmulo de enseñanzas valiosas, pero descritas con una sencillez única. Le deseo mucho éxito y que nos siga brindando por mucho tiempo todo el caudal de su sabiduría. ¡Bendiciones!.

SIN MIEDO AL MIEDO AL HABLAR EN PÚBLICO
"Consejos claves para superarlo"

18 de febrero de 2023. Copyright

9 7 9 8 3 7 3 7 6 1 2 3 9